Marie-Paule Cadieu et

Les contes du Mont Saint-Michel

Éditions Jean-Paul Gisserot
www.editions-gisserot.com

À ma mère.
À la mémoire de mon père.
M-P C.

Le cavalier de la baie

Il y a fort longtemps dans la baie du Mont Saint-Michel vivait un jeune garçon qui s'appelait Tugdual.

Il habitait dans une ferme, au bord des herbus de Saint-Broladre. Ce garçon d'une quinzaine d'années

était passionné par les chevaux. Chaque jour, il allait se promener dans la baie de Cherrueix au Mont Saint-Michel, du Vivier-sur-Mer à Cancale.

Un matin d'automne lorsqu'il se promenait sur sa monture, il rencontra un vieux berger des grèves qui rentrait ses moutons à la ferme :

- Tu sais, mon garçon, que la marée montante est proche, il faut te rendre derrière les digues. Si tu t'aventures trop loin tu te feras engloutir par les eaux. Et même avec ton coursier tu ne pourras aller plus vite que les flots. Sache que la mer va plus vite qu'un cheval au galop...

Le ciel et la mer s'assombrissaient. Tugdual un peu inquiet décida de rentrer vers les herbus, même si, malgré tout, il avait très envie de se mesurer à la mer.

Toute la soirée et toute la nuit Tugdual repensa aux dires du vieux berger : « la mer va plus vite qu'un cheval au galop ».

Soudain il vint une idée à Tugdual « Demain, se dit-il, j'irai chez Jonas le sorcier du coin afin qu'il me confectionne quatre fers de sept lieues pour les sabots de mon coursier ».

Et le garçon se disait :

- Il n'est pas possible que mon cheval si fort et si rapide n'aille pas plus vite que la marée montante. Je suis sûr que nous serions, ma monture et moi, plus fort que la mer.

Au chant du coq, Tugdual sauta du lit, prit son bel animal et galopa jusqu'à la chaumière de Jonas le sorcier. C'était une maisonnette un peu délabrée, perdue au fond d'un bois sombre. Arrivé Chez Jonas, Tugdual sortit quatre fers d'un sac de toile :

- Pouvez-vous rendre ces fers magiques pour que mon cheval galope le plus vite possible, comme on ne l'a jamais vu nulle part.

Tugdual attendit durant une heure sur le pas de la maison, que le sorcier finisse son travail. Enfin celui-ci sortit de sa chaumière :

- Voilà les fers, mais lorsque tu les auras fixés, il te sera formellement interdit de trotter ou de galoper. Le pas suffit pour rendre ta monture rapide comme l'éclair, sinon les fers se détacheront et ton cheval retrouvera son allure normale.

Heureux de cette magie, Tugdual donna deux sous au sorcier et s'en alla clouer les fers aux sabots de son animal.

Quelques instants plus tard, le garçon, se dirigea vers la mer qui était à l'étale de basse marée. Il attendit que le flot monte un peu pour démarrer le pas.

Le défi commença...

Tugdual sentait qu'à chaque foulée l'étalon avançait de dix mètres.

Plus il avançait, plus la distance parcourue en quelques secondes, grandissait. Rapidement Tugdual devint étourdi par la vitesse. Il se retournait quelquefois, très sûr de lui, et fier de voir que la mer derrière lui ne pouvait le rattraper.

- Si le vieux berger et tous les habitant de la baie pouvaient voir cela, ils seraient bien épatés !

Mais pour Tugdual le pas ne suffisait plus. Étourdi, grisé par la vitesse, il ne pensait plus à la recommandation du sorcier. Il mit son animal au trot puis au galop.

Tugdual se sentait voler dans les airs. La mer était bien loin derrière lui.

Soudain les deux fers des sabots postérieurs se détachèrent. Le cheval perdit de sa vitesse.

Tugdual talonnait, stimulait sa monture de toutes ses forces. La lutte dura quelques secondes. Tugdual et son animal se fatiguèrent. L'eau vint claquer les flancs de la bête. Soudain on vit une énorme vague happer monture et cavalier...

Malgré cela Tugdual maintint sa monture au galop. Dès lors la mer reprit un peu de terrain, tout doucement.

- Tant pis, se disait Tugdual, j'y arriverai quand même.

Tout d'un coup les deux autres fers partirent et à ce moment-là, le cheval perdit beaucoup de vitesse, les vagues vinrent lécher la queue de l'animal.

Tugdual vaniteux avait désobéi au sorcier. La mer encore une fois avait été la plus forte, elle était encore allée plus vite qu'un cheval au galop.

Maintenant, on dit parfois qu'on peut entendre le pas de la monture de Tugdual dans la baie. Il galope.

Alors, si tu te balades dans la baie du Mont Saint-Michel à pied ou à cheval reste très prudent.

Le son des sabots prévient le promeneur qui s'attarde trop devant une marée montante

Même si Tugdual te regarde et te protège.

Ambroise, le berger au péril du vent.

Près des grèves de Saint-Broladre, il existait autrefois de grandes fermes, comme on peut en voir encore aujourd'hui dans les polders. L'une d'entre elles appartenait à un riche propriétaire de moutons. Cet homme était avare. Il avait plusieurs enfants dont le cadet s'appelait Ambroise.

Le jeune Ambroise était chargé de garder le troupeau dans les herbus pendant la journée. Cela évitait au père d'employer un journalier pour faire le berger. Ambroise était âgé d'une douzaine d'années. Il n'aimait pas encore beaucoup le travail et préférait flâner sur les grèves, pêcher des coques ou cueillir des châtaignes en automne.

Un matin de novembre, comme d'habitude, Ambroise arriva dans les herbus du Mont Saint-Michel avec ses moutons pour les faire paître. La brume se mit à tomber, alors il se décida à faire un feu pour se réchauffer.

Après s'être endormi quelques instants, le jeune garçon fut réveillé par le vent qui se levait. Il compta ses moutons et s'aperçut qu'il en manquait deux. Que dirait-il à son père ? Il rechercha ses bêtes, mais ce fut en vain. La fin de journée était proche. Il se décida à rentrer vers la ferme.

Lorsque Ambroise, marchant derrière le troupeau, arriva dans la cour de la bergerie, il vit son père, son frère aîné, Anaël, ainsi que Paul, le journalier qui revenaient des labours. Ils s'apprêtaient à entrer dans la maison pour souper. Soudain le père d'Ambroise fit demi-tour :

- Ambroise, tout s'est-il bien passé aujourd'hui, demanda-t-il durement ?

- Oui, papa.

- Ce temps est mauvais pour nos affaires ; gare à toi si tu perds un mouton dans le brouillard, dit le père en pénétrant dans la salle commune.

Ambroise tremblant de peur fit rentrer le troupeau sans rien dire, à la hâte, dans la bergerie. Puis alla souper avec tout le monde.

Inquiet, il retourna, après le repas recompter les moutons. Peut-être s'était-il trompé tout à l'heure ?

- Trente-six, trente-sept, trente-huit... Il en manque deux ! Comment vais-je faire, papa va me battre s'il apprend ça !

Tout à coup, Ambroise entendit une voix dans le grenier à foin de la bergerie.

- C'est bien triste ce qui t'arrive, mon enfant, mais tu n'es pas au bout de tes peines. Les moutons ça s'égarent facilement avec Eole...

Ambroise avait cru reconnaître Paul, le journalier. Celui-ci dormait chaque nuit dans le grenier à foin. Ambroise apeuré, lui dit :

- Tu... tu ne diras rien à mon père n'est-ce pas ? Et puis d'abord, c'est qui Eole ?

- N'as-tu jamais entendu parler de celui qui passe en bourrasque dans les herbus et vole toutes les bêtes sur son passage ?
- On dit même qu'il a déjà emmené plusieurs bergers avec lui... Prends garde à toi, Ambroise, prends garde... Puis le journalier refit un trou dans le foin et s'y endormit.

Le lendemain, une idée en tête, le jeune garçon prit la route de Saint-Malo pour aller au marché.

Son père lui en avait accordé la permission car une grande marée couvrait les herbus et les moutons ne pouvaient pas y paître. Parti avec ses maigres économies, Ambroise avait dans l'esprit d'acheter un chien, un bordercollie, fin gardien de troupeau. Avec ça et une cabane de surveillance dans les herbus, Eole ne pourrait pas grand-chose !

Les grandes marées terminées, Ambroise se mit au travail.

En une journée, il réussit à mettre une cabane sur pied... Les jours passaient et tout allait bien. Aucun des moutons ne s'égarait, gardés par le chien qui tournait autour d'eux. Il faisait bien l'affaire contre ce vent fou qui poussait les bêtes vers la mer.

Et Ambroise, tranquille, surveillait tout ceci depuis son petit cabanon bien chaud et douillet.

Soudain il s'écria « Mon Dieu ! : vingt-sept, vingt-huit, vingt-neuf... »

Le petit berger fut repris de paresse.
- C'est lassant de garder les moutons à travers ces fenêtres sales ! Je n'y vois pas grand-chose.

Un jour où le brouillard s'installait et où le vent soufflait fort, Ambroise s'endormit jusque tard dans la soirée. Son chien vint le réveiller pour rassembler tant bien que mal le troupeau.

Une dizaine de moutons lui manquait ! Il était impossible de rentrer à la ferme avant d'avoir retrouvé toutes les bêtes. Il décida de partir avec des sacs de toile dans lesquels il mettrait les agneaux et sa petite carriole pour transporter les brebis. Le chien resta pour garde le troupeau près de l'abri.

Ambroise, plié sous le vent, marchait lentement et appelait ses bêtes de la voix. Sans résultat. Le vent devenait terrible. Le garçon perdait ses sacs, il essayait de s'accrocher à sa carriole, mais celle-ci bougeait tant qu'elle finit par être arrachée de ses mains et par disparaître dans le vent et le brouillard.

La tempête forcit, souffla de plus belle

Ambroise ne pouvait plus mettre un pied devant l'autre tant elle était violente.

Puis soudain le berger fut décollé du sol et le vent le poussa, le bouscula et l'emmena loin, loin, très loin…

Étourdi, sonné, Ambroise ouvrit les yeux. Il croyait rêver. Il était assis dans une grande prairie où des dizaines et des dizaines de bergers se reposaient, s'amusaient, riaient au milieu des brebis.

Ambroise reconnut près d'un saule le petit troupeau de neuf, dix onze... moutons qu'il avait perdu dans le vent et le brouillard. Il était heureux d'avoir retrouvé ses bêtes. Mais où était-il ?

- Quel est donc cet endroit ? se demanda-t-il à voix haute ?

- Ambroise, tu es dans l'Éden des bergers, lui dit un vieillard dont il n'avait pas encore remarqué la présence.

Dans notre prairie, nous voyons tout ce qui se passe dans la baie.

- Que vous est-il arrivé ? pourquoi êtes-vous aussi nombreux ?

- Nous nous sommes perdus dans les herbus du Mont Saint-Michel, il y a fort longtemps, et c'est Eole qui nous a recueillis.

Pendant ce temps-là, à Saint-Broladre, la famille d'Ambroise s'inquiétait et la mère dit au père :

- Je t'avais bien dit qu'Ambroise était trop jeune pour faire ce travail. Tu es si près de tes sous, voilà ce qui t'arrive. Mon petit garçon s'est perdu dans les herbus comme des dizaines d'autres bergers de la région.

Le père, pris de remords, décida d'aller à la recherche de son fils dans la nuit froide.

Le vent était si fort qu'il avait peine à avancer. Les bruits de la mer et de la tempête se mêlaient et couvraient les appels du père.

À ce moment, dans l'Éden des bergers, Ambroise se reposait. Soudain un jeune de son âge l'appela :

- Ambroise, n'est-ce pas ton père qui erre dans la nuit, près de l'eau ?
- Mais si, que fait-il ?... Il me cherche...

- Regarde ! il se dirige vers la mer, il va se noyer. Vite ! dit le jeune berger, appelons Eole...

Et on entendit une énorme bourrasque, le vent emmena le père d'Ambroise loin du rivage et Eole le déposa doucement sur la grève, loin du danger.

Ambroise touché par le courage et les bons sentiments de son père, décida d'aller le retrouver.

Et alors Eole, le porta en un souffle, avec ses onze moutons, près de son père qui était allongé, abasourdi dans le sable.

Le soleil du petit matin pointait ; Ambroise réveilla son père. Ils se serrèrent et s'embrassèrent émus de s'être retrouvés. Puis ils prirent le chemin de la ferme où tout le reste de la famille attendait inquiet. En voyant les deux rescapés du vent, tout le monde leur fit fête.

Depuis cet événement, le père décida d'employer un berger expérimenté et construisit plusieurs cabanes de surveillance dans les herbus.

Ambroise apprit le métier de fermier. Le père et le fils, liés par leur aventure, s'offrirent bien souvent des parties de pêche que l'un et l'autre aimaient beaucoup.

D'ailleurs, si vous faites attention, en vous y promenant, vous trouverez encore aujourd'hui quelques-uns de ces abris.

L'ermite de Tombelaine

Assise sur une pierre, Lucie regardait le Mont Saint-Michel et, tout près de lui elle apercevait Tombelaine, petit îlot dénudé. Lucie avait neuf ans, orpheline de père et mère, elle avait été recueillie par une famille de Saint-Léonard, petit village normand, au bord de la baie.

En échange de son hébergement, Lucie devait chaque jour, partir à la pêche aux coques pour ensuite aller les vendre au village.

Mais Jeanne, sa mère adoptive, n'était jamais contente de l'argent que pouvait ramener Lucie :

- Ce n'est pas suffisant, demain tu dois en gagner plus.

Et tous les jours c'était la même remarque :

- Tu n'es qu'une vaurien. On te nourrit, on te donne un lit et tu n'es même pas fichue de nous ramener une bourse convenablement remplie. Si ça continue comme ça, je t'enverrai voir l'ermite de Tombelaine...

Lucie avait déjà entendu parler de cet ermite. Les gens du village disaient qu'il dévore toutes les personnes qui s'égarent dans la baie : les pêcheurs, les promeneurs, les pèlerins qui s'attardent ou les enfants imprudents.

On disait qu'il venait rôder chaque nuit dans le Mont Saint-Michel. D'ailleurs on peut l'apercevoir parfois dans une grande barque, lorsque la mer est haute entre le Mont et Tombelaine.

Effrayée par les dires de Jeanne et des villageois, Lucie décida qu'elle gratterait et retournerait encore plus le sable...

Au fur et à mesure qu'elle travaillait, Lucie avançait vers Tombelaine. Elle repensait à l'ermite. Puis, elle arriva près d'un bras de mer.

C'était la mi-septembre, le temps des grandes marées. Lucie partit de bonne heure. Elle suivit la mer qui s'en allait loin et sans perdre de temps gratta le sol. Les coques remontaient à la surface.

Lucie devinait qu'elle reviendrait bien chargée cette fois.

La marée était au plus bas. Lucie se décida à traverser la rivière, afin d'aller jusqu'à un banc de sable riche en coquillages.

Elle avait de l'eau jusqu'à la taille et savait bien qu'en passant ce cours d'eau, elle devrait surveiller le retour de la mer, sinon elle se ferait prendre par les eaux.

Le niveau de la mer remonterait et elle serait prisonnière sur le banc de sable ou prisonnière de l'ermite…

Elle grattait le sable, avançait à genoux. Elle regardait de temps en temps Tombelaine et de nouveau elle grattait, avançait, regardait.

Puis soudain, elle vit apparaître, arrivant du côté ouest de Tombelaine, une barque dans laquelle se tenait un personnage debout…

Le sang de Lucie ne fit qu'un tour dans ses veines : elle s'aperçut que la mer arrivait et que le niveau de la rivière était bien monté. Elle était perdue.

L'homme dans sa barque au loin était certainement l'ermite de Tombelaine qui venait la chercher pour la dévorer.

Autour de Lucie, l'eau montait de plus en plus. Le banc de sable sur lequel elle était, diminuait de seconde en seconde. Soudain la barque de l'ermite s'arrêta devant elle.

L'homme en noir tendit la main à Lucie. Elle ne savait que faire. Sidérée par la peur, elle ne pouvait bouger.

Debout dans sa barque noire, il était habillé de vêtements sombres et son visage était couvert par un voile de mousseline noire.

Malgré son aspect encore jeune, on apercevait quelques mèches blanches sortir de son chapeau. La peau de ses mains était si blanche qu'elle ressemblait à celle d'un être inanimé.

Alors dans un brusque élan, l'ermite prit Lucie terrorisée, à bras-le-corps et la déposa dans son embarcation. À présent, installé face à elle, il ramait vers Tombelaine. L'angoisse montait en Lucie, son esprit défaillait.

Elle n'était plus maîtresse de ses émotions. Elle savait que sa fin était proche. Et dans un cri de désespoir, elle s'évanouit...

Lorsque Lucie se réveilla, elle croyait être dans le pays de l'au-delà. Elle se trouvait allongée sur une paillasse dans une caverne aménagée.

L'eau d'une marmite bouillait sur un grand feu de bois, près d'elle. Puis, tout à coup, elle aperçut le visage de l'infâme ermite.

Ses yeux étaient rouges comme les braises du feu, son teint étonnamment blafard et ses cheveux blancs, malgré son air de jeunesse ...

Lucie eut un mouvement de recul. Plaquée contre la paroi de la caverne, elle voyait tour à tour cette marmite sur le feu qui n'attendait qu'elle certainement et l'ermite qui lui, n'attendait que son futur repas !

Puis l'ermite ouvrit la bouche :
- Ne crains rien ... tu es en sécurité maintenant, la mer ne te prendra plus.

- C'est vous qui me mangerez ! laissez-moi partir, je vous en supplie, je ne suis pas bonne à manger, je n'ai que la peau sur les os ...

L'ermite éclata de rire devant la naïveté de l'enfant puis il soupira :
- Voyons mon enfant, ne crois pas toutes ces sornettes que l'on dit de moi.

Crois-tu que j'aurais risqué ma vie dans les courants, avec ma barque, pour vouloir te manger après t'avoir sauvée ? Je sais ce que l'on dit dans les villages voisins, mais certains vieux savent que la nature a oublié de donner des couleurs à mes cheveux, ma peau et mes yeux.

La lumière du jour est si intense et éblouissante pour moi que je préfère me déplacer le soir ou la nuit. Autrement, lorsque je vivais sur la côte, je mettais un voile noir sur mes yeux pour les protéger du soleil.

Mon allure effrayait les gens. Alors j'ai décidé de vivre seul et retiré, sur Tombelaine.

Lucie écoutait avec beaucoup d'intérêt. L'ermite albinos continuait à parler voyant qu'il pouvait accorder sa confiance à la fillette :

- Lors d'une promenade nocturne au Mont Saint-Michel, il y a quelque temps, j'eus une grande surprise... Je découvris ceci.
L'albinos montra un petit coffret en bois.

- Qu'est-ce ? fit Lucie intriguée.
- Je l'ai découvert au pied de la chapelle Saint-Aubert. Et à l'intérieur, il y a un parchemin...

L'ermite savait lire : il donna à Lucie la signification des écritures.

- Il y a sans doute très longtemps, un prince Breton est venu au Mont Saint-Michel pour faire une offrande à l'archange.

Mais il fut soudainement rappelé sur ses terres et n'eut pas le temps d'offrir à l'abbaye un coffre rempli de pierres précieuses.

Les korrigans qui accompagnaient ce prince prirent soin du trésor et le cachèrent au fond d'un souterrain dans lequel seul un petit être peut se faufiler.

Lucie regardait l'ermite avec émerveillement. Celui-ci poursuivit sa lecture :

- Les korrigans écrivent aussi que la personne qui retrouvera ce trésor et le ramènera sur les terres bretonnes sera grandement remerciée. L'offrande n'ayant pu être faite par ce prince, elle ne devait plus se faire.

Lucie ébahie par cette découverte dit à l'homme :

- Ce petit être, ce pourrait être une enfant comme moi ?

- Mais oui ! Je suis déjà allé à la recherche de ce souterrain. En effet, avec ta petite taille, tu pourras sans doute y passer...

Les deux compères partirent en barque de Tombelaine vers le Mont Saint-Michel, avec une torche en bois, dans la main afin de s'éclairer quelque peu malgré le clair de lune.

Ils arrivèrent sur les lieux. Le souterrain débouchait sous la face nord du Mont Saint-Michel. Lucie commença à ramper.

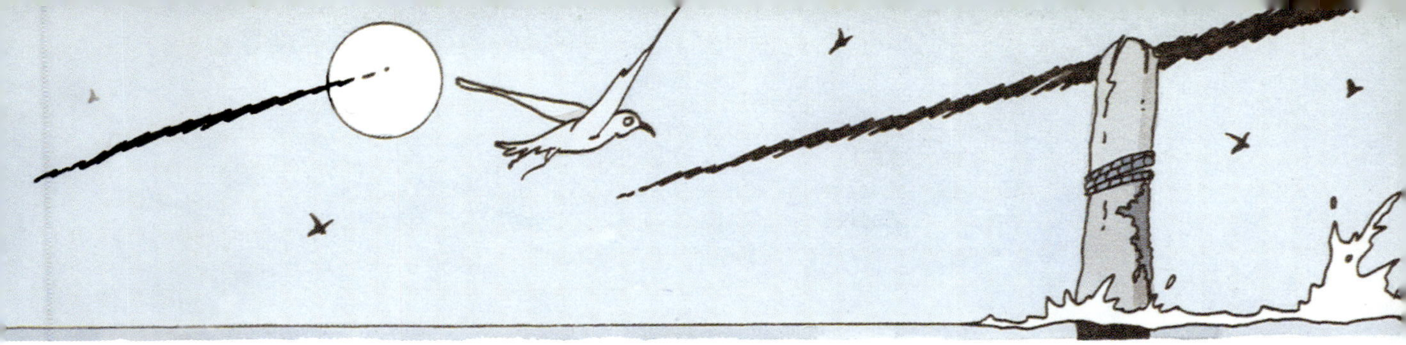

Le boyau s'agrandissait progressivement et elle put se lever. Elle découvrit alors une petite salle avec au fond un coffre poussiéreux.

Elle tendit les bras vers le coffre et en repoussa le couvercle vers l'arrière.

Quelle merveilleuse vision ! Des pierres précieuses ruisselaient de partout ! Lucie ne s'attarda pas davantage. Elle poussa la malle jusqu'à la sortie où son ami l'attendait.

L'ermite l'aida à se relever. Tous les deux prirent le trésor et le portèrent à la barque.

- Comment allons-nous faire pour emmener le coffre en Bretagne ?

- Ne t'inquiète pas, la Bretagne n'est pas loin. Nous allons passer le Couesnon. Nous déposerons cette fortune de l'autre côté de la rivière Là-bas, c'est déjà la Bretagne.

La chose faite, les deux amis virent arriver sur les herbus bretons de petits êtres...

C'étaient les korrigans qui venaient chercher le trésor si longtemps attendu :

- Braves gens, rentrez vite à Tombelaine, votre récompense vous attend.

L'ermite et Lucie regagnèrent vite Tombelaine. Lorsqu'ils arrivèrent devant la porte de la caverne, ils virent un tas d'innombrables pièces d'or qui brillaient de toutes parts.

On apprit plus tard à Saint-Léonard, que Lucie habitait une jolie maison entre Cancale et Cherrueix, en Bretagne.

Son ami, l'ermite albinos venait la voir de temps en temps sur le beau bateau qu'il avait acheté pour naviguer en solitaire sur les mers du Nord.

SOMMAIRE

Les auteurs :

Christophe Lazé, né à Fougères, près du Mont Saint-Michel, le 10 avril 1968, commence dès 18 ans une carrière d'illustrateur et connaît un immense succès auprès des jeunes qui apprécient ses dessins en ligne claire, pleins de tendresse et de poésie.

Marie-Paule Cadieu, née à Fougères, près du Mont Saint-Michel, le 16 décembre 1972, est psychomotricienne. Après le grand succès du tandem Cadieu-Lazé dans Mon premier dictionnaire français-breton, elle nous offre ici les contes mystérieux du Mont Saint-Michel dont elle a été nourrie pendant toute son enfance.

Imprimé par Pollina Luçon 85 N° L95978
Imprimé en France